랄프 왈도 에머슨
Ralph Waldo Emerson

미국 문화의 정신적 기둥을 세운 사상가이자 산문가, 시인인 랄프 왈도 에머슨은 1803년 미국 보스턴의 목사 집안에서 태어났다. 하버드 대학에서 신학을 전공하고 목사가 되었으나, 1832년에 사임하고 미국과 유럽 등지를 떠돌며 헨리 데이비드 소로우, 너새니얼 호손, 토머스 칼라일 등 당대의 문인들과 친분을 맺었다. 이후 동양철학의 영향을 받아 내부의 정신적 자아가 외부의 물질적 존재보다 우월하다고 주장하는 초절주의 운동을 펼쳐 이 운동의 선구자가 되었다.

'에머슨이 없었다면 진정한 의미의 미국 문학은 탄생할 수 없었다'라는 말이 있을 정도로 에머슨은 미국 문학 발전에 지대한 영향을 끼쳤다. 그가 제시한 '자기신뢰'와 '민권'의 개념은 지금도 미국인들의 의식 속에 깊이 뿌리박혀 있다. 저서로『자연론』을 비롯해「역사」「자기민음」「보상」「초영혼」등으로 구성된『제1수필집』,「자연」「시인」「경험」등으로 구성된『제2수필집』,『대표적 위인론』,『사회와 고독』등이 있다.

필사로 만나는
랄프 왈도 에머슨

자기신뢰

하루에 하나씩, 자기신뢰를 쌓아가는 시간

필사로 만나는
랄프 왈도 에머슨

자기신뢰

Self-Reliance

박윤정 옮김

타커스

에머슨 따라 쓰기의 의미
필사로 얻는 운명 창조의 힘

에머슨이 세월의 강물 속으로 사라진 지 벌써 이백여 년이나 흘렀다. 그러나 그의 글은 지금까지 살아남아서 많은 이들의 불안한 영혼을 치유해주는 좋은 처방전이 되고 있다. 두 세기도 더 지난 글이 현대인들에게 이처럼 강력한 치유의 힘을 발휘하는 이유는 무엇일까?

에머슨에게는 여러 가지 얼굴이 있다. 영국의 그늘에서 벗어나지 못하고 있던 초기 미국인들에게 '미국의 정신적 독립'을 선언한 정신적 스승으로서의 얼굴. 목사의 아들로 태어나 신학을 전공하고 목사가 되었다가 스스로 목사직을 버리고, 살아 있는 종교를 실천한 구도자의 얼굴. 헨리 데이비드 소로우와 너새니얼 호손, 토머스 칼라일 같은 당대 문인들과 영적인 교감을 나누면서 초절주의 모임을 이끌어간 문학가의 얼굴. 노예제 폐지 같은 예민한 문제들에 적극적으로 발언한 개혁가의 얼굴.

이처럼 에머슨은 세계인들의 마음속에 다양한 모습으로 새겨져 있고, 시대와 국가를 초월해 수많은 이들에게 깊은 영향을 미쳤다.

에머슨의 내면에 깃든 신성은 누구보다도 편안하고 분명한 인상을 남긴다. 그가 젊은이들에게 미친 영향은 누구보다도 크다. 그의 세계에서는 누구나 시인이 되고, 사랑이 지배하며, 아름다움이 피어난다. 인간과 자연이 조화를 이룬다.

—헨리 데이비드 소로우, 문학가·사상가

에머슨에게는 분명하고도 힘 있는 목소리로 영혼에 호소할 줄 아는 특별한 능력이 있다. 그의 목소리는 더욱 깊이 뚫고 들어가서, 느낌의 뿌리까지, 행위와 인격이 시작된 근원까지 스며드는 것 같다.

—헨리 제임스, 문학가

사람들은 에머슨이 좀더 차원 높은 세계와 교감하는 귀하고 아름다운 영혼임을 알아보았다. 에머슨이 말로 전하는 가르침과 진리보다 그가 뿜어내는 말로 표현할 수 없는 영적인 느낌을 더욱 가치 있게 여겼다.

—조지 산타야나, 철학자·시인

프리드리히 니체, 헨리 데이비드 소로우, 마하트마 간디, 버락 오바마, 마이클 잭슨 등 자신의 운명을 스스로 창조한 이들은 하나같이 에머슨을 따르고 칭송했다. '오직 자기 자신을 믿고 의지하는 순간, 변화가 시작된다'는 에머슨의 가르침이 사회적 관습을 벗어던지고 새로운 세계를 창조한 원동력이 되었기 때문이다.

우리도 마찬가지로 에머슨의 글에서 자신의 운명을 바꿀 힘과 용기를 얻을 수 있다. 세상의 시선에 휘둘리지 않고 자신이 추구하는 가치를 지키며, 낡은 습관을 버리고 삶에 진정한 변화를 일으키려면 자기신뢰와 내면의 힘이 있어야 한다.

내면의 힘을 되찾아 자신의 운명을 주도적으로 바꿔나가는 대표적인 방법 중에 공부가 있다. 그중에서도 필사는 아주 쉬우면서도 강력한 공부법이다. 진리를 맛본 자의 영혼이 스며있는 글을 따라 쓰는 행위는 삶의 백지 위에 긍정과 변화의 지도를 그려나가는 일과 같다. 진실의 언어로 마음과 영혼의 창을 닦아내고 자신만의 고유한 세계를 창조해내는 것. 이것이 공부의 목적이자 실제적인 운명 창조의 과정이다.

에머슨의 글을 따라 쓰다 보면 자기신뢰와 내면의 힘이 지지 않는 꽃처럼 피어날 것이다. 한 번의 읽기와 한 번의 쓰기로도 내면이 환하게 피어나는 이들도 있겠지만, 수차례 읽고 쓰기를 되풀이해야 비로소 봉오리가 열리고 꽃잎이 춤추는 이들도 있을 것이다. 그러니 이제 자기 안에 잠들어 있을 운명 창조의 힘을 믿고 에머슨의 글들을 꾹꾹 눌러 써보자. 내 마음과 일상, 운명의 표정이 어떻게 달라지는지 확인해보면서.

이 책은 『자기신뢰의 힘』이라는 에머슨의 에세이 모음집에 수록된 내용 중에서 일반인들이 필사하기에 좋은 글들만 추려서 묶은 것이다. 에머슨의 『제1수필집』에 실려 있는 「역사」, 「자기신뢰」, 「보상」, 「초영혼」, 『제2수필집』에 실려 있는 「자연」, 그리고 하버드대 졸업생 모임에서 발표한 연설문 「미국의 학자」와 「농사」의 주요 내용들을 담았다.

박윤정

Contents

1장
스스로 주인이 되는 길

내 안에
모든 자연의 법칙이 들어 있다.
내 안에 전체 이성이 잠들어 있다.
그 모든 것을 아는 것,
감히 그 모든 것을 알고자 하는 것,
그것이 내가 할 일이다.

자신의 생각을 믿는 것,
자신이 진실이라고 여기는 것을
다른 사람들도 진실로
받아들이리라 믿는 것,
이것이야말로 비범한 재능이다.

존재에 증명은 필요 없다.

정말로 관심을 가져야 할 문제는
사람들이 나를 어떻게 생각하느냐가 아니라
내가 해야 할 일이다.
이것은 일상생활에서나 영적인 삶에서나
똑같이 어렵다.
그러나 중요한 것과 하찮은 것을 구분하는
훌륭한 기준이 되어준다.

시인이나 현자가 보여주는
천상의 빛을 찾는 대신
내면으로 시선을 돌려야 한다.

우리 안의 반짝이는 불빛들을
알아보고 관찰할 줄 알아야 한다.

스스로 자신의 기둥이 되어라.

다른 사람에게서 아무것도 구하지 말라.
모든 것을 스스로 하라.
그러면 무한한 변화 속에서
우리의 유일하고 확고한 기둥이
곧 우리를 에워싼 모든 것을 떠받쳐줄 것이다.

힘이란
내면에서부터 샘솟는 것이다.
우리가 약한 이유는
내면이 아닌
외부에서 도움을 구하기 때문이다.

외부의 의존 대상들을
모두 떨쳐버리고
홀로 설 때 비로소 강해지고 승리할 수 있다.
우리가 내건 깃발 아래
지원병이 한 명 도착할 때마다
우리는 그만큼 약해진다.

궁극적으로 신성한 것은
자신에게 정직한 것이다.
먼저 그대 자신에게 결백을 선언하라.
그러면 세상이 그대를 인정할 것이다.

오늘 생각한 것은 오늘 분명하게 말하라.
그리고 내일은 내일 생각한 것을
분명하게 말하라.
오늘 한 말과 모순될지라도 그렇게 하라.

오직 자신의 생각에 따라 행동하라.
그러면 이제까지의 모든 행동들이
이제 우리 자신을 정당화해줄 것이다.

나는 당신들의 관습에 따르지 않을 것이다.

나 자신이 될 것이다.

당신들을 위해서

더 이상 나 자신을 길들이지 않을 것이다.

당신들도 나를 길들일 수 없다.

그대가 들어야 할 말이 있다면,
반드시 그대의
귓전을 울릴 것이다.
진정으로 그대를 위해 존재하는 것은
자연스럽게 그대에게 이끌린다.

스스로 주인이 되고자 하는 사람은
자기 안에 진실로
신과 같은 자질을 가지고 있어야 한다.
숭고한 마음과 신념에 찬 의지,
선명한 통찰력이 있어야 한다.

나를 구원하는 것은 나 자신이다.

사람은 자기 일에
온 마음을 쏟고 최선을 다할 때
괴로움을 잊고 쾌활해진다.
다른 어떤 것도 우리에게 평화를 주지 못한다.
구원은 누가 가져다주는 것이 아니다.

자신을 믿지 않는 한
우리에게는 어떤 영감도, 창조도, 희망도 없다.

우리 안에 깃들어 있는 힘은
완전히 새로운 것이다.
따라서 우리가 이 힘으로 무엇을 할 수 있을지는
자신 말고 아무도 알 수 없다.

스스로 시도해보기 전에는
알 수 없다.

자기 자신을 믿어라.
그러면 그대 마음속의
단단한 현(絃)이
모든 사람의 가슴을 울릴 것이다.

그대 자신의 세계를 구축하라.

그대 마음속에서 일어나는
순수한 생각에 삶을 맞추는 순간,
그대의 세계가 드넓게 펼쳐질 것이다.
영혼이 그대 마음속으로 흘러들어오는 순간,
모든 것 속에서 혁명이 일어날 것이다.

내 방 창문 밑에 핀 장미는
이전에 피었던 장미에 대해서,
자신보다 아름다운 장미에 대해서
아무런 말도 하지 않는다.
그저 있는 그대로 존재할 뿐이다.

행운의 비밀은 우리 손안에 있다.

스스로를 돕는 사람은

신에게나 인간에게나 영원히 환영받는다.

그에게는 모든 문이 활짝 열려 있다.

모두가 그에게

환영의 말을 던지고 영예를 선사한다.

2장
참된 만족의 조건

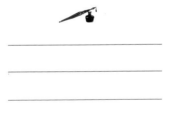

인생이라는 신비

경이로 가득 차 있지 않다면
인생은 살 만한 가치가 없을 것이다.
나는 매일 아침 눈을 떠 창가로 다가간다.
그리고 먼동이 터오는 풍경을 바라보면서
과거의 내 모든 생활습관을 뭉개버리고
새로운 날들로 나를 초대하는
대자연의 신비로운 비밀을 발견한다.

어떤 생활방식이나 행동양식에도
반대 의견은 있기 마련이다.
그러므로 곳곳에서 부딪히는 반대 의견에도
무심한 태도를 유지하는 것은
가장 현실적인 지혜 가운데 하나이다.

인생에서 최고의 행복은
자신이 찾아낸 것을
의심하지 않고 즐기는 사람,
세상과 잘 어울려 살아가는 사람만이
누릴 수 있다.

세월이 주는 선물

모든 것은 매 순간 우리에게 가르침을 준다.
지혜는 어디에나 스며들기 때문이다.
그것은 혈액처럼 우리 몸을 흐르고,
고통으로 몸부림치게도 하고,
슬픈 날과 즐거운 노동의 날들을
번갈아 경험하게 만든다.
그러나 우리는 오랜 시간이 흐른 뒤에야
비로소 지혜의 참모습을 깨닫는다.

평화로운 삶의 비결

나의 신조는 어떤 일을 하든
뒤로 미루거나 남을 탓하지 않는 것이다.
막연한 희망을 품지 않는 것이다.
어디에 있든 누구를 만나든
항상 정의롭게 행동하는 것이다.
아무리 보잘것없고 추하더라도
지금의 친구와 환경을
우주가 보낸 신비의 전달자로 받아들이는 것이다.

인생이 우리에게 주는
위대한 선물은
계산으로 얻을 수 있는 것이 아니다.

모든 행복은 삶이라는
큰길 위에 놓여 있다.

매일 밝은 마음과
위대한 목적을 갖고
일하는 사람은

언제나 그날의 주인이 된다.

한눈팔지 않고
우리 눈앞에 다가온 시간을
채우는 것이 행복이다.

지금 이 순간을 잘 마무리하고,
길 위에 내디딘 한 걸음 한 걸음에서
여행의 목적을 발견하고,
가능한 한 유익한 시간을 많이 가지는 것이
진정한 지혜이다.

가까운 것이 먼 것을 설명한다.

한 방울의 물은 작은 바다이다.

한 명의 사람은 자연 전체와 연결되어 있다.

그러므로 평범한 것들의 가치를 인식하면,

지금껏 알지 못했던

여러 가지 깨달음을 얻는다.

지금 하는 일이

아무 쓸모가 없는 것일 수도 있다.

하지만 그 일을 하는 나는

그것이 아무 쓸모가 없다고 생각해서는 안 된다.

그러면 그 일을

무사히 끝마칠 수 없기 때문이다.

나의 삶은 구경거리가 아니라
삶 자체를 위한 것이다.
나는 나의 삶이 화려하고 불안정하기보다는
중압감이 덜하기를,
그만큼 거짓 없고 평화롭기를 갈망한다.

그가 읽은 책과
사귀는 친구,
칭찬하는 대상,
옷차림과 취미,
그의 말과 걸음걸이,
눈의 움직임,
방을 보면,
그 사람을 알 수 있다.

다른 사람을 장기의 졸이나
구주회[*]의 핀처럼 대하는 사람은
결국 자신도 같은 취급을 받는다.

상대의 마음을 무시하면,
우리 자신의 마음도 무시당한다.

* 공을 굴려 아홉 개의 핀을 쓰러뜨리는 경기

진리와 씨름해보지 않으면
진리를 충분히 깨달을 수 없다.

마찬가지로 자신의 단점으로 고생하고
자신에게 없는 장점을 다른 것으로 극복해봐야,
자신의 장점과 단점을 정확히 파악할 수 있다.

우리의 힘은
우리의 약점에서 자라난다.
그래서 위대한 사람은
언제나 자진해서
낮은 자리에 서려 한다.

자극을 받고, 고통을 겪고,
패배를 경험해야만
비로소 무엇인가를 배울 수 있다.
현실을 직시하고, 자신의 무지를 깨닫고,
자만의 망상에서 깨어나야만
절제와 진정한 능력을 얻는다.

무언가를 열심히 움켜쥐려 하면

그것은 어느새

우리의 손가락 사이로 빠져나가 버린다.

인간의 참된 생활과 만족은

지나치게 엄격하거나

지나치게 편안한 것을 피하고,

어떤 상황이나 환경에서도

마음의 평정을 잃지 않는 데 있다.

파도가 높이 치솟은 정점에서
급속히 잔잔한 상태로 돌아가듯,

세상의 모든 일은
스스로 균형을 추구한다.

모든 지나침은 모자람을 부르고,
모자람은 지나침의 원인이 된다.
단맛 속에는 반드시 쓴맛이 있고,
악 속에도 선이 숨어 있다.

원인과 결과,
수단과 목적,
씨앗과 열매는 분리할 수 없다.

결과는 원인 속에서 꽃 피기 시작하고,
목적은 수단 속에,
열매는 씨앗 속에 존재한다.

말은 사람을 판단하는 잣대가 된다.

원하든 원치 않든,
우리는 말 한마디 한마디로
상대의 눈앞에 우리의 자화상을 그린다.

모든 말은
그 말을 하는 사람에게 영향을 미친다.

순수한 시각에서 보면
사랑이나 앎, 아름다움에는
지나침이 있을 수 없다.
영혼은 미덕의 제한을 용납하지 않으며,
언제나 낙천주의를 주장할 뿐
결코 염세주의를 말하지 않는다.

어떤 것의 일부만 취하고
감각적으로 좋은 면만 소유하려는 것은,
외부가 없는 내부만을
혹은 그림자가 없는 빛만을
얻으려는 것과 같다.

3장
영혼의 성장과 진보

배우는 자는
역사를 능동적으로 해석해야지
수동적으로 읽으면 안 된다.

자신의 삶을 주요 교재로 삼고,
책은 주석처럼 이용해야 한다.

배우는 자는 자유로워야 한다.
자유롭고 용감해야 한다.
'자신의 본성에서 우러나지 않는 한
어떤 속박도 받지 않는다'라는
자유의 정의에 따라야 한다.

올바른 책 사용법

책은 다만 영감을 얻는 데만 유용하다.
책에 매혹돼
자기 삶의 궤도에서 벗어나거나
스스로 체계를 만들지 않고
위성(衛星)이 되어버릴 바에는
차라리 책을 안 읽는 편이 낫다.

어떤 재능을 갖고 있든,

창조하지 않으면

그 재능은 자신의 것이 될 수 없다.

타다 남은 불기운이나 연기는 있을지 몰라도,

불꽃은 만들 수 없다.

마음이 배우고자 하는
열정과 창의력으로 긴장해 있으면,
어떤 책을 읽든 모든 페이지에서
다양한 암시를 받고 정신이 명료해진다.
모든 문장은 의미가 두 배로 다가오고,
저자의 식견도 세계만큼이나 광대하게 넓어진다.

어떤 연설가의 말을 듣든,

그가 사용하는

언어의 빈약함과 풍요로움을 보면

나는 그가 삶을 얼마나 경험했는지 알 수 있다.

건물을 짓는 데 사용하는 타일과 층샛돌이

채석장에서 나오듯,

많은 우리의

삶 속에서 우러나오기 때문이다.

인간은 몇 세대 동안 생각을 거듭해도,
사랑의 열정 속에서
단 하루 만에 깨달을 정도의
자각도 얻지 못한다.

모욕을 당하고 분노에 떨어보지 않고서,
감동적인 말에 가슴 울렁거려보지 않고서,
국가적인 경악이나 흥분의 순간에
많은 사람들과 함께 흥분해보지 않고서
누가 자신을 알 수 있겠는가?

위대한 시인은
우리가 스스로 충만한 존재임을
느끼게 해준다.

재능의 두 얼굴

재능은 불과 같다.
재능을 가진 사람이 경솔하고 몰인정할 때,
이 불은 인간이라는 훌륭한 집을 태워버린다.
뛰어난 재능은 최고의 미덕이지만
가장 큰 해악도 될 수 있다.

삶은 한 줄에 꿰인 염주와 같이
이런저런 감정들로 줄줄이 이어져 있다.
우리가 이 감정들을 하나하나 통과할 때마다,
이것들은 다채로운 색깔의 렌즈가 되어
각기 독특한 빛깔로 세상을 물들인다.

진심으로 진리를 얻고자 하는 사람은
자신과 세계의 관계에 대해서
아직도 배울 것이 많음을 안다.
하지만 이미 아는 지식을 더하거나, 빼거나,
다른 것들과 비교하는 방식으로는
배움을 얻을 수 없다.

영혼이 자연스럽게 차오르고,
지속적으로 자기를 성찰하고,
완벽히 겸허해야 한다.

그대가 노 저어 가는 나라가
어떤 나라인지
설명을 구하지 말라.
내일 그 나라에 도착해서 살아보면
스스로 알게 될 것이다.

인간은
수원이 감추어져 있는
하나의 흐름과 같다.
우리의 존재는
근원을 알 수 없는
어떤 것에서 우리에게로 흘러든다.

마음이 숭고하고 소박한 사람과
대화를 나누어보라.
그러면 문학도
한낱 말장난처럼 느껴질 것이다.

태어난 해부터 계산하는 나이나 젊음과는
또 다른 젊음과 나이가
우리에게 있다는 느낌이 들 때가 있다.
실제로 어떤 생각은
우리를 언제나 젊은이처럼
느끼게 해주고,
항상 젊음을 유지하게 도와준다.

보편적이고 영원한 아름다움에 대한 사랑이
바로 그것이다.

몸이 아프거나 권태로울 때,
한 구절의 시나 심오한 문장은
새로운 힘을 불어넣어 준다.
플라톤이나 셰익스피어의 책을 한 권 꺼내보거나
이들의 이름을 떠올리기만 해도,
즉시 생기를 얻는다.

깊고 신성한 생각은
이처럼 몇백 년, 몇천 년을 건너뛰어
모든 시대에 환호한다.

영혼은 한걸같이 앞을 바라본다.
자기 앞에 새로운 세계를 창조하고
뒤에 여러 세계들을 남기며 나아간다.

영혼의 진보는 직선운동처럼
단계적으로 이루어지지 않는다.
알이 유충이 되고
유충이 나방이 되듯
상태의 도약을 통해 이루어진다.

어른이 된다는 것

젊었을 때는 미친 듯이 사람을 원한다.
어린 시절과 청소년 시절에는
사람들 속에서 온 세계를 본다.
그러다 사람에 대한 경험이 쌓이면,
모든 사람들 속에
동일한 본성이 흐르고 있음을 깨닫는다.

나는 이제 노력하지 않은 이득이
저절로 굴러들어오는 것을
바라지 않는다.
이런 일에는 반드시 새로운 부담이
뒤따르리라는 것을 알기 때문이다.

자신의 중심을 발견하면,
신성한 영혼은 우리가 원래 갖고 있던
무지와 무례, 불리한 환경 같은
온갖 요소를 뚫고
스스로 밖으로 드러낸다.

신은 자신에게 비겁한 사람에게는
결코 모습을 드러내지 않는다.
위대한 신이 말하고자 한 바를 알고 싶다면,
다른 사람들이 올리는 모든 경배의 소리에서 물러나
자기 내면의 소리에 귀를 기울여야 한다.

영혼은 위대하지만 평범하다.
영혼은 아첨꾼도, 추종자도 아니다.
결코 그 자신을 떠나
다른 것에 호소하지 않는다.
스스로를 믿기 때문이다.

고독하고, 독창적이고, 순결한 영혼은

역시 고독하고, 독창적이고, 순결한

초월적 영혼에게 자신을 내맡긴다.

그러면 초월적인 영혼은

기꺼이 우리의 영혼에 깃들어 우리를 인도해준다.

우리의 영혼을 통해 말하는 것이다.

그러면 우리의 영혼은

환희에 차올라 더욱 젊고 활발해진다.

감각적인 사람은 자신의 생각을 사물에 맞춘다.
반면에 시인은 사물을 자신의 생각에 꿰어맞춘다.

전자는 자연이 뿌리 박혀
고정된 것이라고 생각하는 반면,
후자는 자연을 유동적인 것으로 보고
자연 위에 자기의 존재를 새긴다.
그래서 감당하기 힘든 세계도
시인에게는 부드럽고 다루기 쉬운 곳이 된다.

경건한 마음과 열정이 있으면
누구나 이상적인 세계에 오를 수 있다.

소박한 마음으로 신성한 지혜를 받아들일 때,
모든 낡은 것들은 사라진다.
교사, 경전, 사원, 이 모든 것들이 사라진다.
신성한 영혼은 현재에 살고,
과거와 미래를 현재의 시간 속으로 흡수한다.

지금 살아 있다는 사실이
중요할 뿐,
과거의 삶은 아무런 의미가 없다.

우리는 왜 '자기신뢰'에 대해
이야기하는 것일까?

영혼이 존재하는 이상,

거기에는 힘이 있기 때문이다.

그리고 그것은 다른 것에 의존하는 힘이 아니라

'스스로 활동하는 힘'이다.

4장
자연과 함께하는 삶

자연은 약과 같다.

해로운 일이나 어울림 때문에

망가진 몸과 마음을 원래의 상태로 회복시켜준다.

상인이나 변호사는

거리의 소음과 술책에서 벗어나

하늘과 숲을 바라보며 다시 인간이 된다.

자연의 영원한 고요 속에서

진정한 자기를 발견한다.

눈의 건강에는 지평선이 필요하다.

먼 곳을 바라볼 수 있는 한

우리의 눈은 결코 피로해지지 않는다.

어스름한 새벽녘부터 해가 떠오를 때까지

나는 맞은편 언덕 꼭대기에서

펼쳐지는 풍경을 보면서

천사가 느꼈을 법한 정서를 경험하곤 한다.

주의 깊게 바라보면
일 년의 모든 순간이 특유의 아름다움을 지니고 있다.
어떤 사람은 평범한 들판에서도
지금까지 보지 못했고 앞으로도 두 번 다시 못 볼
풍경을 매 순간 본다.
하늘이 매 순간 변화하면서
들판에 빛과 그림자를 던져주기 때문이다.

모든 자연스러운 행위는 위대하다.
모든 용감한 행동은 고상하다.
그 장소와 그곳에 있는 사람을 빛나게 한다.
이런 위대한 행동을 보면서
우리는 우주가 모두의 것임을 깨닫는다.

자연은 근본적으로 비슷하면서도
유일한 형상들의 바다이다.
나뭇잎 하나, 햇빛 한 줄기, 풍경 한 폭, 태양 등은
모두 우리의 마음에 비슷한 감동을 준다.
이 모든 형상의 공통점,

즉 완전함과 조화가 바로 아름다움이다.

농장은 무언의 복음서가 아니고
무엇이란 말인가?
봄날에 처음으로 간 밭이랑에서부터
눈 덮인 겨울 들녘의 마지막 짚가리에 이르기까지
왕겨와 밀, 잡초, 나무, 해충, 비, 곤충, 태양 등은
모두 신성한 상징들이다.

숲에는 영원한 청춘이 있다.

신의 정원은 예법과 신성으로 충만하고,
일 년 내내 축제처럼 치장을 하고 있다.
그래서 이곳을 찾는 손님은
천년의 세월이 흘러도 싫증 낼 일이 없다.

숲에 있으면
삶에 어떤 불행도 닥치지 않을 것 같은
느낌이 든다.
어떠한 치욕과 어떠한 재난도
자연이 치료해줄 것 같다.
맨땅에 발을 디딘 채 상쾌한 공기로 머리를 씻고
무한의 공간을 올려다보면,
모든 비루한 이기심은 사라져버린다.

자연은 말한다.

"그대는 나의 창조물이다.
그러니 아무리 큰 슬픔이 있더라도
나와 함께 있으면 즐거울 것이다."

자연은
희극에도 비극에도
똑같이 잘 어울리는
배경이다.

숲에 첫발을 내딛는 순간
우리는 습관의 배낭을 내려놓는다.

자연은 결코 서두르는 법이 없다.
하나하나, 조금씩 조금씩
자신의 일을 완성해나간다.
우리는 고기를 잡거나 요트를 타거나
사냥을 하거나 작물을 재배하면서
자연의 방식을 배운다.

부족한 햇빛이나 바람,
뒤늦게 찾아오는 계절, 거친 날씨,
가뭄과 홍수, 우리의 느린 걸음과 모자란 힘,
바다와 육지의 광대함 등을 통해
인내와 참을성을 배운다.

1803년	미국 보스턴에서 태어나다.
1811년	아버지가 결핵으로 사망하자 가난에 시달리게 되다.
1812년	보스턴 라틴 스쿨에서 공부를 시작하다.
1817년	14세에 하버드대학에 입학하다.
1821년	하버드대학을 졸업하고 형이 경영하는 여학교에서 학생들을 가르치다.
1825년	하버드대학 신학 대학원에 입학하다.
1829년	엘렌 터커(Ellen Tucker)와 결혼하다. 보스턴의 교회에서 목사직을 맡다.
1831년	엘렌 터커가 19세의 나이에 사망하다.
1832년	목사직을 사임한 뒤 유럽 여행을 떠나다.
1833년	여행지에서 워즈워스, J.S. 밀, 토머스 칼라일 등과 친교를 맺다. 11월에 보스턴으로 돌아와 강연과 집필 활동을 시작하다.
1835년	리디아 잭슨과 두 번째 결혼을 하다.
1836년	첫 번째 저서 『자연론Nature』을 발표하다.
1837년	헨리 데이비드 소로우와 친교를 맺다.
1841년	『제1수필집Essays: First Series』을 출판하다. 이 책에 실린 「자기신뢰Self-Reliance」로 세계적인 명성을 얻다.
1842년	첫째 아들이 5세의 나이에 성홍열로 사망하다.
1844년	『제2수필집Essays: Second Series』을 출판하다.
1847년	다음 해까지 영국에서 강연 순회를 하다.
1850년	『대표적 위인론Representative Men』을 출판하다.
1856년	『영국인의 특성English Traits』을 출판하다.
1860년	『삶의 행위The Conduct of Life』를 출판하다.
1867년	서부의 아홉 개 주에서 강연 순회를 하다.
1882년	매사추세츠 주 콩코드에서 생을 마감하다.

『자연론』(Nature, 1836)

『콩코드 찬송가』(Concord Hymn, 1836)

『미국의 학자』(The American Scholar, 1837)

『신학부 강연』(Divinity College Address, 1838)

『문학 윤리』(Literary Ethics, 1838)

『자시론』(The Method of Nature, 1841)

『제1수필집』(Essays: First Series, 1841)

『자기신뢰』(Self-Reliance, 1841)

『초월주의자』(The Transcendentalist, 1842)

『미국 젊은이』(The Young American, 1844)

『제2수필집』(Essays: Second Series, 1844)

『로도라』(The Rhodora, 1847)

『대표적 위인론』(Representative Men, 1849)

『영국인의 특성』(English Traits, 1856)

『브라마』(Brahma, 1857)

『삶의 행위』(The Conduct of Life, 1860)

『오월제』(May Day and Other Poems, 1867)

옮긴이 **박윤정**

고양이와 음악, 지극한 감동의 순간을 사랑하며 언제나 감사하는 마음으로 살려고 애쓴다. 지금은 가장 자연적인 환경 속에서 영성과 예술을 통합시키는 삶을 꿈꾸며, 번역을 통해 열심히 세상과 소통하고 있다.
옮긴 책으로 『사람은 왜 사랑 없이 살 수 없을까』, 『디오니소스』, 『달라이 라마의 자비명상법』, 『틱낫한 스님이 읽어주는 법화경』, 『식물의 잃어버린 언어』, 『생활의 기술』, 『생각의 오류』, 『플라이트』, 『만약에 말이지』, 『영혼들의 기억』, 『고요함이 들려주는 것들』, 『치유와 회복』, 『그대의 마음에 고요가 머물기를』 등이 있다.

편지로 만나는 랄프 왈도 에머슨

자기신뢰

초판 1쇄 인쇄 2018년 4월 16일
초판 1쇄 발행 2018년 4월 20일

지은이 랄프 왈도 에머슨
옮긴이 박윤정

발행인 양문형
펴낸곳 타커스
등록번호 제313-2008-63호
주소 서울시 종로구 대학로 14길 21 (혜화동) 민재빌딩 4층
전화 02-3142-2887   팩스 02-3142-4006
이메일 yhtak@clema.co.kr

ⓒ 타커스 2018

ISBN 978-89-98658-51-9 (03320)

• 값은 뒤표지에 표기되어 있습니다.
• 제본이나 인쇄가 잘못된 책은 바꿔드립니다.

이 도서의 국립중앙도서관 출판예정도서목록(CIP)은 서지정보유통지원시스템
홈페이지(http://seoji.nl.go.kr)와 국가자료공동목록시스템(http://www.nl.go.kr/kolisnet)에서
이용하실 수 있습니다.(CIP제어번호: CIP2018005423)